BEI GRIN MACHT SICH IHR WISSEN BEZAHLT

- Wir veröffentlichen Ihre Hausarbeit, Bachelor- und Masterarbeit

- Ihr eigenes eBook und Buch - weltweit in allen wichtigen Shops

- Verdienen Sie an jedem Verkauf

Jetzt bei www.GRIN.com hochladen und kostenlos publizieren

Mies van der Rohes "Villa Tugendhat". Eine Ikone der Moderne und ihr Platz im UNESCO-Weltkulturerbe

Bibliografische Information der Deutschen Nationalbibliothek:

Die Deutsche Nationalbibliothek verzeichnet diese Publikation in der Deutschen Nationalbibliografie; detaillierte bibliografische Daten sind im Internet über http://dnb.d-nb.de abrufbar.

ISBN: 9783389045435
Dieses Buch ist auch als E-Book erhältlich.

© GRIN Publishing GmbH
Trappentreustraße 1
80339 München

Alle Rechte vorbehalten

Druck und Bindung: Books on Demand GmbH, Norderstedt Germany
Gedruckt auf säurefreiem Papier aus verantwortungsvollen Quellen

Das vorliegende Werk wurde sorgfältig erarbeitet. Dennoch übernehmen Autoren und Verlag für die Richtigkeit von Angaben, Hinweisen, Links und Ratschlägen sowie eventuelle Druckfehler keine Haftung.

Das Buch bei GRIN: https://www.grin.com/document/1487362

Friedrich-Schiller-Universität Jena
Institut für Kunst- und Kulturwissenschaften
Seminar für Kunstgeschichte und Filmwissenschaft

Hausarbeit
Mies van der Rohes
Villa Tugendhat

Seminar: Einführung in die Architektur
Sommersemester 2022

Mehr-Fach-Bachelor Kunstgeschichte und Filmwissenschaft Fachsemester: 2

Weimar den 14.10.2022

Aufbau der Hausarbeit

EINLEITUNG	3
WERKBESCHREIBUNG	3
GENESE	6
IKONOGRAPHIE UND STIL	8
DEUTUNG	9
ABBILDUNGSVERZEICHNIS	12
LITERATURVERZEICHNIS	14
FILMVERZEICHNIS	15

Einleitung

„Wenn ich die Blätter und Blüten betrachte, die wie Solitäre von gemäßen Hintergründen sich leuchtend abheben. Wenn ich diese Räume und alles, was darin ist auf mich als Ganzes einwirken lasse, dann empfinde ich deutlich, das ist Schönheit, das ist Wahrheit."[1] - Fritz Tugendhat

Die Villa Tugendhat zieht die Blicke der Welt auf sich und dennoch protzt sie nicht. Beinahe bescheiden schmiegt sie sich an den Hang in Brünn, an welchem sie in den Jahren 1929-1930 von Mies van der Rohe errichtet wurde.[2] Die Eheleute Grete und Fritz Tugendhat gaben ihr geplantes Einfamilienhaus 1928 bei ihm in Auftrag, welchen er auf sehr besondere und höchst innovative Weise ausführte. Kunsthistoriker Andreas Haus sagte, dass dies ein Bau eines bestimmten Idealismus sei, bei welchem man eine neue Lebensform zu finden versucht, welche menschenwürdiger, sogar hygienischer sein sollte als es bislang der Fall war.[3] Dies war eine riesige Forderung, welche in den 20er Jahren gestellt wurde.[3] Zu dieser Zeit gab es nach Andreas Haus noch eine Kunstforderung und eine Hoffnung, die Kunst könne dazu beitragen, die Menschen zu einem besseren bewältigen ihrer Wirklichkeit zu befähigen.[3] Doch die Geschichte der vergangenen 92 Jahre ließ sie nicht unberührt und so ist die Villa heute, paradoxer Weise unversehrt, jedoch durchlief sie Jahre der Enteignung, der Zweckentfremdung, Jahre der Zerstörung und letztlich der Sanierung.[4] Heute ist sie ein bedeutender Teil des UNESCO-Weltkulturerbes und ihre Türen stehen offen für Besuchende.[5]

Werkbeschreibung

Wenn man zu Beginn die Villa aus der Südwest-Perspektive des Straßenniveaus anblickt, so sieht man zunächst einmal nicht viel von dem, was das Haus beheimatet. Im Vordergrund beginnt es mit einem markanten Kaminblock, welcher sich aus der Längsrichtung des Hauses, im 90 Grad Winkel befreit, die Dachlinie durchstößt und wie eine Art Bremse wirkt.[Abb.1] Links davon lässt sich ein schmales Fensterband erkennen, hinter welchem die Badezimmer der Kinder Tugendhat liegen. Das Fensterband verleiht der weißen, undurchdringlichen Fläche, auf der es sich befindet, eine Spannung, von der sie zu leben scheint. Diese Fläche schließt links mit einem Fallrohr ab.[Abb.1] Auf der rechten Seite ist aus der Straßenperspektive das Garagentor zu sehen, neben dem sich links ein Blick durch das Haus hindurch auf die Weite der Landschaft als gerahmtes Bild öffnet.[Abb.1] Und im Zentrum der Vorderansicht befindet sich eine filigrane Wand aus Milchverglasung, bei welcher nicht direkt klar wird, was sich dahinter verbirgt.[Abb.1] Dies erfährt man erst beim Betreten des Grundstücks. Ist dies geschehen, findet man jedoch schnell zur dahinter liegenden Eingangstür, welche aus Palisanderholz gefertigt, die Betrachtenden schon ästhetisch anzieht.[4,Abb.2] Folgt man dem Landschaftspanorama auf die Terrasse,[Abb.3] auf die man ebenfalls durch die Schlafzimmer der Tugendhats gelangen kann, so bietet sich eine spektakuläre Aussicht auf die Stadt Brünn.[Abb.4] Sie schmiegt sich um die Schlafräume, springt zurück und bietet dort einen Ort zum Verweilen. Auf ihr befinden sich eine halbkreisförmige Bank und eine Pergola, die als Rankgerüst für Pflanzen dient.[Abb.4] Die Villa ist, so könnte man meinen, gegenteilig aufgebaut als es bei anderen Häusern meist üblich ist. Auf der Ebene, die man als erstes betritt befinden sich ungewöhnlicher Weise die privaten Räume der Familie sowie eine Chauffeurswohnung, die hinter der Garage am westlichen Ende des Hauses angelegt ist.[Abb.11]

---

[1] Reifarth, Goldscheider, Haus Tugendhat, 2013, 00:00:18-00:00:37
[2] Černoušková, Dagmar u.a.: About the House, 5. Mai 2022, Villa Tugendhat
[3] Reifarth, Goldscheider, Haus Tugendhat, 2013, 00:12:41-00:13:22
[4] Černoušková, Dagmar u.a.: The Building, 6. April 2022, Vila Tugendhat
[5] Anonymous: Tugendhat Villa in Brno, UNESCO World Heritage Centre. (o. D.)

Nach dem Schritt durch die Eingangstür gelangt man zunächst einmal in einen kleinen Empfangsbereich Nach dem Schritt durch die Eingangstür gelangt man zunächst einmal in einen kleinen Empfangsbereich, welcher mit einer Sitzgelegenheit ausgestattet ist.[Abb.1] Von dort aus gelangt man zu einem kleinen Badezimmer, den privaten Räumen der Tugendhats und zu einer Treppe, welche zur Hauptebene des Hauses führt.[Abb.12,14] Der Eingangsbereich ist mit Travertin Stein ausgelegt[1] und die Wand hinter der kleinen Sitzgruppe erneut mit Palisanderholz verkleidet.[2,Abb.13] Die separaten Schlafzimmer von Grete und Fritz Tugendhat befinden sich auf der rechten Seite. Die beiden Zimmer haben viele Gemeinsamkeiten, wie beispielsweise die großen Einbauschränke aus Palisanderholz.[Abb.17] Dennoch sind sie jeweils individuell auf die Vorlieben der Eheleute abgestimmt.[3] So findet sich in Fritz Tugendhats Räumlichkeit ein Schreibtisch aus Makassar Ebenholz und bei Grete Tugendhat stattdessen eine Sitzgruppe aus Kirsch rotem Leder.[3,Abb.15] In den Wohn- und Schlafräumen wurden die Böden mit einheitlichem, elfenbeinweißen Linoleum belegt.[2] Diese nahtlos wirkende, unstrukturierte Oberfläche unterstreicht die Wirkung des offenen Grundrisses der Villa. Eine Verbindung der beiden Räume schafft ein kleiner Zwischenraum, von welchem aus man auch das gemeinsame, private Badezimmer erreicht.[Abb.16] Kehrt man zurück in den Eingangsberich des Hauses, sieht man gegenüber der hinunterführenden Wendeltreppe einen kleinen Flur neben der Sitzgruppe,[Abb.13] welcher zu den Kinderzimmern und dem Zimmer des Kindermädchens führt.[Abb.18,19] Die Türen und Fenster der Villa reichen vom Boden bis zur Decke und sind Teil des fließenden und freien Bauprinzips, welches das Haus durchzieht. Die Treppe im Eingangsbereich ist verhältnismäßig klein, jedoch durch die große transluzente Milchglaswand genauso lichtdurchflutet wie der Rest des Hauses.[Abb.14] Von dort aus gelangt man zu einer Tür, die zur Hauptebene und im Grunde der Seele des Hauses führt.[Abb.20] Der weite und fließende Raum ist kaum untergliedert und doch enthält er klare, teilweise durch freistehende Wände gekennzeichnete Bereiche.[Abb.20] Beim Blick nach rechts ist erneut eine kleine Sitzgruppe angelegt, welche vor einer Milchverglasten, hohlen Wand steht, welche von innen beleuchtet wird.[Abb.21] Zur linken Seite befindet sich ein Projektionsraum, welcher Fitz Tugendhat zur Ausübung seiner Leidenschaft des Fotografierens Raum geben sollte.[Abb.20] Weiter hinten im Hauptraum findet sich die Bibliothek des Hauses[Abb.23] und ein verglaster Wintergarten,[Abb.24] sowie zwei sich gegenüberstehende Korbsessel an der Rückseite einer freistehenden, steinernen Wand.[Abb.24] Diese Wand kann als eines der Herzstücke des Hauses bezeichnet werden. Sie ist aus einem sehr besonderen und kostbaren Onyx-Stein geschnitten und trägt ihren Teil dazu bei, die sonstige, gewollte Ornamentlosigkeit des Hauses zu ersetzen.[4] Vor dieser freistehenden Onyx-Wand wurde eine Gruppierung von Sitzmöbeln platziert, die wie fast alle Originalmöbel speziell für dieses Haus hergestellt wurden.[5] Kennzeichnend für die Raumgestaltung ist die Kombination schlichter, schmuckloser Formen mit teilweise kostbaren, teilweise für die damalige Zeit neuartigen Materialien.[5] Sie bestanden überwiegend aus Rohr- und Bandstahl sowie aus edlen Hölzern.[5] Die Möbel vor der Onyx Wand umfassen drei Sessel namens „Tugendhat", drei Sessel namens „Barcelona" und ein Hocker aus smaragdgrünem Leder, ein Glastisch und eine weiße Bank. Einen farblichen Akzent setzte ein Relax Sessel mit Kirsch roter Samtpolsterung.[5,Abb.22,23] Zum Garten hin sind die Wände gänzlich verglast und mittig sind die Scheiben per Knopfdruck absenkbar, was für die damalige Zeit eine kleine technische Revolution war.[6]

---

1 Hammer Tugendhat, Daniela/Hammer, Ivo/Tegethoff, Wolf: Haus Tugendhat, Ludwig Mies van der Rohe, Berlin, Boston: Birkhäuser, 2020, S.21
2 Maher, Carla: Villa Tugendhat, The Wood House, 17. März 2020
3 Hammer Tugendhat: Haus Tugendhat, Ludwig Mies van der Rohe, S.22
4 Hammer Tugendhat: Haus Tugendhat, Ludwig Mies van der Rohe, S.20
5 Hammer Tugendhat: Haus Tugendhat, Ludwig Mies van der Rohe, S.21
6 Anonymous: Villa Tugendhat, Objekte, Brünner Architekturmanual, Handbuch zur Brünner Architektur

Eine weitere freistehende Wand schwingt sich halbkreisförmig und aus Palisanderholz um einen großen, im Boden versenkten Esstisch aus schwarz poliertem Birnbaum Holz,[1,Abb.27] wo herum sich 16 Stühle aus Stahlrohr mit weißem Schaffellbezug stehen.[1] Die Stuhlkapazität des Tisches lässt sich nach Bedarf auf 24 erweitern.[1] Von der Raumdecke aus, lässt sich eine Art Vorhang absenken, um einen Essensgeruch im restlichen Haus zu vermeiden.[Abb.27] Wenn man von dort aus etwas weiter um die Ecke geht, gelangt man in einen Vorraum zur Küche, in welchem sich Vorratsräume, Anrichten, ein Speiselift und eine Wendeltreppe ins Kellergeschoss befinden.[Abb.20] Dahinter befindet sich die Küche des Hauses und weitere Zimmer der Bediensteten.[Abb.20,32] Der Esszimmerbereich ist auch direkt mit der Terrasse verbunden, die teils offen, teils überdacht ist und über eine breite Treppe zum Gartenniveau hinab führt.[Abb.6,8] Diese Treppe wirkt wie ein Anker, der dieses optisch beinahe schwebende Haus zu erden scheint. An dieser Stelle kommt man zu einem großzügigen Platz, welcher vermutlich für Veranstaltungen angelegt ist.[Abb.6] An der Hauswand findet sich auch eine Tür zum Kellergeschoss.[Abb.7] Das Kellergeschoss ist ansonsten verschlossen. Mies van der Rohe arbeitete unter anderem mit Grete Röder, einer Gartenarchitektin[1] zusammen und diese ließ es hinter einer Begrünung aus wildem Wein verschwinden, als wäre das Sockelgeschoss gar nicht vorhanden.[Abb.8] So wirkt das durchfensterte, gläserne Wohngeschoss umso markanter und bereitet den Anschein, als würde es schweben. Durch die ideale Verbindung von Innen und Außen im Haus wird dies noch verstärkt. Die trockene Zwergmauer, welche sich um den Platz legt, besteht aus verschieden gesetzten, mit Stauden bepflanzten Steinen und bildete den optischen Sockel für das Haus.[Abb.6] Die Landschaft, welche sich an bestimmten Stellen mit der Architektur der Villa verbindet,[Vgl.Abb.25] ist auch der verbindende Teil des Gartens, welcher sich zwischen der Villa Tugendhat und der Villa Löw-Beer, dem Elternhaus von Grete Tugendhat erstreckt. Dieser war ursprünglich ein Obstgarten, der von der Straße zum Elternhaus von Grete hin abfiel. Den Garten der neuen Villa gestaltete Mies in Zusammenarbeit mit der Brünner Landschaftsarchitektin Markéta Roderova-Müllerová.[3] Die Gestaltung ergab sich als große Rasenflächen mit vereinzelter Vegetation.[Abb.5] Die Wege bilden einen Rundweg, der schließlich beide Villen miteinander verbindet. Im Kellergeschoss selbst[Abb.35] befinden sich Technik-, Lager- und Hauswirtschaftsräume, Heiz- und Lagerräume,[Abb.37] der Keller, Stellplätze für Gartenmöbel, ein Waschraum und ein Trockenraum, sowie die Mottenkammer zur Aufbewahrung der Pelzmäntel von Grete Tugendhat.[Abb.38] Auch eine Dunkelkammer findet dort Platz – diese wurde für Fritz Tugendhat eingerichtet.[Abb.39] Im Gesamten Haus stößt man immer wieder auf kreuzförmige Stützpfeiler,[Abb.31] welche kommunizieren, dass es im Haus ein inneres Traggerüst gibt.[Vgl.Abb.23] Diese Stahlstäbe sind dafür verantwortlich, dass die großen Glasflächen überhaupt Teil der Konstruktion sein können, denn andernfalls müssten sie zerplatzen und einbrechen. Das Glas allein könnte diese mächtige Dachplatte nicht tragen, sodass dieses Stahlskelett das eigentliche Fundament des Hauses darstellt.[4] Es ist der Grund dafür, dass eine solche freie und fließende Bauweise überhaupt realisiert werden kann, denn durch sie werden tragende Wände im Grunde überflüssig gemacht.[5] Diese dezenten Stützpfeiler sind in Betonsockel verankert und führen teilweise durch das Mauerwerk und teilweise durch die Zwischenräume aller Stockwerke hindurch. Die kreuzförmigen Säulen der Stahlkonstruktion sind alle freigelegt, aber je nach Standort mit unterschiedlichem Material verkleidet.[Abb.31] Außen kam Bronze zum Einsatz, für die öffentlichen Wohnbereiche glänzende Chromverkleidungen und für die Privat- und Arbeitsräume ein weißer Anstrich.[Abb.31] Abgesehen von dem Stahlskelett besteht der Putzbau aus Stahlbetondecken und Ziegelmauerwerk. Das Äußere des Hauses ist verputzt und weiß gestrichen.[Abb.10]

---

[1]Hammer Tugendhat: Haus Tugendhat, Ludwig Mies van der Rohe, S.21
[2]Hammer Tugendhat: Haus Tugendhat, Ludwig Mies van der Rohe, S.20
[3]Maher, Carla: Villa Tugendhat, The Wood House, 17. März 2020
[4]Anonymous: Villa Tugendhat, Objekte, Brünner Architekturmanual

Grete Tugendhat berichtet: „Zunächst sahen wir den Grundriss eines riesigen Raumes mit einer geschwungenen und einer rechteckigen freistehenden Wand. Dann bemerkten wir kleine Kreuze in einem Abstand von etwa fünf Metern voneinander und fragten, was das sei. Als wäre es das Selbstverständlichste der Welt, antwortete Mies: „Das sind die eisernen Stützen, die das ganze Gebäude tragen werden." Zu der Zeit gab es noch kein Privathaus, das in Stahlkonstruktion gebaut worden war, also war es kein Wunder, dass wir sehr überrascht waren."[1]

GENESE

Grete Tugendhat lernte Mies van der Rohe 1927 in Berlin kennen und war bereits von seinem Entwurf für das Zehlendorfer Haus von Edward Fuchs sehr beeindruckt.[1] Dafür, dass Mies von der Rohe dieses Haus noch auf eine konventionelle Art geplant hatte, gab es dennoch auch hier bereits einige Eigenschaften und Elemente, die sich später in der Tugendhat Villa wiederfanden. Eine davon waren große Glastüren, die eine Öffnung zur Gartenseite bildeten.[1] Auch die Einteilung der Räumlichkeiten wirkten eindrucksvoll auf Grete Tugendhat.[1] Sie waren Liebhaber von großflächigen Häusern mit unkomplizierten Formen und entsprechend eignete sich die Bauweise von Mies ausgezeichnet für den Geschmack der Tugendhats. Bevor sie sich jedoch für ihn entschieden, bestand von Ihrer Seite auch ein Interesse am Architekten Arnost Wiesner. Ihn kontaktierten sie anfangs, entschieden sich am Ende jedoch für Mies, nachdem sie verschiedene Objekte besucht hatten.[2] Grete Tugendhat visionierte stehts, eines Tages mit ihrer Familie in einem modernen, weiträumigen Haus mit dekodierten Formen gewünscht und Fritz Tugendhat brachte aus Kindertagen geradezu eine Aversion vor zugestellten Wohnräumen mit.[1] Als die Tugendhats Mies van der Rohe erstmal konsultierten, beeindruckte er das Ehepaar mit seiner Persönlichkeit und damit wie jovial und bedeutend er über die Kunst der Architektur sprach.[1] Spätestens ab diesem Zeitpunkt bestand bei den Tugendhats kein Zweifel mehr darin, dass Mies ihr Haus bauen würde. Sie begriffen, einem wirklichen Künstler gegenüberzustehen.[1] Mies erklärte ihnen zum Beispiel, man könne die idealen Maße eines Raumes nie vorher berechnen, man müsse die Räume fühlen.[1] Er sagte auch, man könne ein Haus nie von der Fassade aus, sondern von innen her bauen müsse, was eine komplexe Übung des Visualisierens einher bringt. Er fand, dass Fenster in einem modernen Bau nicht mehr Löcher in der Wand sein sollten, sondern eine zwischen Boden und Decke ausgespannte Fläche und als somit ein Bauelement der Architektur.[1] Handwerker berieten Fritz Tugendhat und behaupteten, dass Türen, die vom Boden bis zur Decke reichten, sich werfen würden. Diese Sorge teilte er Mies mit und, dass er dies vermeiden wollte. Darauf antwortete der Architekt nur: „dann baue ich nicht." Dies verstanden die Tugendhats jedoch im Nachhinein. Sie verstanden, dass dies nun einmal das Bauprinzip sei, dass alles durchgehend fließe, und die Türen warfen sich nicht. Das Brünner Bauhandwerk war hier bereits auf einem sehr ausgeprägten Niveau.[3] Mies legte den Tugendhats dar, wie wichtig besonders in einem modernen, im Grunde schmuck- und ornamentlosen Bau die Inanspruchnahme echter Materialien sei und wie das bis dahin von vielen Architekten vernachlässigt wurde.[1] Die Geläufigkeit, die Mies zu besonderem Stein hatte rührte daher, dass er der Sohn eines Steinmetzes war und somit schon zeitig mit ihnen vertraut gemacht worden ist.[1] Dies priorisierte er so sehr, dass er im Atlasgebirge lange nach einem hervorstechend schönen Onyx-Block für die Onyx-Wand suchen ließ. Diesen Vorgang überwachte er persönlich genau und das Zersägen und zusammenbringen der Platten, um sicher gehen zu können, dass die Zeichnung des Steins richtig zur Geltung kommen würde.[1]

---

[1] Hammer Tugendhat: Haus Tugendhat, Ludwig Mies van der Rohe, S.20
[2] Schneibergova, Martina: „Überwältigender Raum moderner Architektur" - Daniela Hammer-Tugendhat über die Villa ihrer Familie, Radio Prague International, 23.04.2013
[3] Reifarth, Goldscheider, Haus Tugendhat, 00:19:20-00:20:01

Trotz Mies van der Rohes eingehender Erfahrung mit solch artigem Stein, überraschte selbst ihn, als sich herausstellte, dass der Stein leicht durchscheinend war und gewisse Stellen der Zeichnung auf der Rückseite rot und honigfarben leuchteten, wenn die untergehende Abendsonne auf die Vorderseite schien.[1] Im gleichen Maße hingebungsvoll, suchte er die benötigten Holzfurniere aus. Hierfür fuhr Mies sogar persönlich nach Paris, um genügend lange Furniere aus Palisander, oder auch Makassar Ebenholz für beispielsweise die halbkreisförmige, exemplarische Esszimmerwand zu finden, damit keine Teilung sichtbar sei und die Furniere wirklich vom Boden bis zur Decke erstreckten.[1] Die freistehende Wand, die eines der Symbole der Villa ist, verschwand im Jahre 1940 und Jahrzehnte lang hielten Experten sie für verloren. Als die Renovierungsarbeiten 2010 begannen, wurde eine Kopie angefertigt und verbaut, jedoch machte der Brünner Kunsthistoriker Miroslav Ambroz eine überraschende Entdeckung.[2] Ein großer Teil der Wand aus exotischem Holz, befand sich in der Mensa der rechtswissenschaftlichen Fakultät der Brünner Universität.[2] Die Echtheit der Teile konnte durch das Furnier bestätigt werden und es besteht eine gute Chance, sie wieder in der Villa zusammenzusetzen.[2] Zu Beginn bestand die Idee, aus das Haus der Tugendhats als Klinkerbau zu konstruieren.[1] Dies ist eine Bauweise, die sich roter Ziegelsteine bedient und die man beispielsweise in den Niederlanden häufig antrifft.[3] Die Tugendhats fanden sich in Brünn jedoch keine geeigneten Handwerker und somit wurde diese Idee verworfen.[1] Ursprünglich wünschten sich die Tugendhats ein kleines Einfamilienhaus mit 5 Zimmern. Grete Tugendhat erinnert sich: „Wir waren zur Silvesterfeier mit Freunden verabredet, aber stattdessen dauerte die Unterredung mit Mies bis ein Uhr früh. Wir sahen zunächst den Grundriss eines riesigen Raumes mit einer runden und einer rechteckigen, freistehenden Wand. Wir sahen sogleich, dass dieser Raum etwas Unerhörtes, nie gesehenes war."[1] Der Plan, den Mies für die Villa der Tugendhats vorgesehen hatte sagte ihnen sehr zu und brachten lediglich drei Anmerkungen vor, welchen der Architekt zusagte.[1] Ein sie wünschten sich, dass die Säulen des Stahlskeletts in der oberen Etage in die Wände verbaut werden sollten, sodass ein nächtliches Anstoßen vermieden werden konnte.[1] Ein weiterer Punkt war, dass das Badezimmer mit den beiden Schlafzimmern verbunden sein würde,[1] und zuletzt noch einen Sonnenschutz für alle Fenster, um eine sommerliche Überhitzung umgehen zu können.[4] Im Jahre 1929 begann der Bau und vorerst war Herr Hirz als Bauleiter erwählt, welcher sich jedoch nicht bewährte und somit nahm Herr John dann diese Position ein.[4] Der Bau bedeutete Mies wohl ungewöhnlich viel, denn er entwarf jede Einzelheit bis zur Türklinke neu.[4, Vgl.Abb.29,30] Extraordinär war auch die ebenfalls für das Haus konzipierte technische Ausstattung. Beispielsweise gab es ein Verteilsystem für Trink- und Brauchwasser sowie ein Kombinationssystem für Heizung, Kühlung und zur Luftbefeuchtung. Um die fließende Natur des Raumes nicht zu stören, wurde eben dieses Luftsystem geschaffen, das in den als eine Art Thermostat gebraucht werden konnte.[4] Viele Dinge sind in diesem Haus zum ersten Mal umgesetzt wurden, die heute selbstverständlich sind, ohne dass dem Verbraucher meist ihr Ursprung klar ist.[4] Für die weitere Einrichtung des Innenraumes kooperierte Mies van der Rohe gemeinsam mit seinen Kollegen Lilly Reich, Hermann John und Sergius Ruegenberg. Diese setzt sich aus Möbeln von gebogenem Stahl wie dem „Brünn-Stuhl", den „Tugendhat- und Barcelona-Sesseln" sowie weiteren Einbauschränken aus Edelhölzern wie Makassar Ebenholz und Zebrafurnier zusammen.[5] Die Brünner Firma „Standard – Wohnungsgesellschaft" des Architekten Jan Vaněk stellte diese her.[5]

---

[1]Hammer Tugendhat: Haus Tugendhat, Ludwig Mies van der Rohe, S.20
[2]Schneibergova, Martina: Nach 70 Jahren: Wertvolle Trennwand aus Villa Tugendhat wieder gefunden, Radio Prague International, 10.05.2011
[3]Oebbeke, Alfons: Wenn niederländische Architekten stimulierenden Klinkerbau zu einem „Besten Gebäude 2015" küren
[4]Hammer Tugendhat: Haus Tugendhat, Ludwig Mies van der Rohe, S.21
[5]Anonymous: Villa Tugendhat, Objekte, Brünner Architekturmanual

Leider konnten die Tugendhats ihre Villa nur für 7 Jahre bewohnen und mussten mit dem Beginn der Nazizeit die Stadt Brünn verlassen.[1] Die Villa wurde von den Nazis als jüdischer Besitz beschlagnahmt. In der Besatzungszeit wurde sie vom Direktor der Klöckner-Werke Walter Messerschmidt genutzt und diente als Konstruktionsbüro der Flugmotorenwerke Ostmark. Er ließ einige einschneidende bauliche Veränderungen vornehmen.[1] Unter anderem die verglaste Milchglaswand an der Straßenfassade und den Zugang von der oberen Terrasse zumauern. Außerdem erhöhte er den Schornstein und ließ zusätzliche Innenwände in die Innenräume einsetzen.[1] Nach der Befreiung fiel die Villa für kurze Zeit der russischen Armee zu, die das Haus stark beschädigte.[1] Der Zustand der Villa bei Kriegsende wurde in einem schriftlichen Protokoll nur knapp beschrieben. Dort hieß es, das gesamte Haus läge in einem Trümmerähnlichen Zustand. Zerplatzte Fenster, Unrat und zerstörte Einrichtungsgegenstände lägen überall im Haus verteilt herum. Die Villa war kaum wiederzuerkennen.[1] Bevor das Objekt 1950 in den Besitz des tschechoslowakischen Staates gelangte, wurde hier eine private Ballettschule und später die Rehabilitationsabteilung des nahe gelegenen Kinderkrankenhauses eingerichtet.[1] Mit der Beseitigung der Schäden wurde der Brünner Architekt Albín Hofírek beauftragt.[1] Das Haus ist heute zu besichtigen, ist Museum ausgestaltet und denkmalgerecht saniert.[1] Ivo Hammer, der Schwiegersohn von Grete Tugendhat ist Fachmann für Restaurierungsfragen. Gemeinsam mit seiner Frau Daniela Hammer Tugendhat, die Tochter von Grete Tugendhat trieb er die denkmalgerechte Sanierung vor wenigen Jahren voran, sodass sich das Haus heute in seiner ursprünglichen Erscheinung wieder zeigt.[2] Jedoch ist im Grunde nur die Raumstruktur wieder hergestellt, denn sämtliche Möbel sind heute lediglich Repliken.[3] Nur die Onyx-Wand blieb unberührt und musste lediglich gereinigt werden, denn scheinbar sah selbst der unkundigste, dass es sich hierbei um etwas sehr besonderes handelte.[4] Die Panoramafenster im Wohnraum konnten originalgetreu wieder hergestellt werden und lassen sich heute auch wieder per Knopfdruck absenken. Die Travertin Sockel der Geländer der oberen Terrasse waren original, ebenso wie die Konstruktionen der Bänke. Die teilweise authentische Umzäunung wurde ergänzt und das neu eingeführte Dach mit einer Bitumeneindeckung versehen.[1] Teilweise schadhafte Außenputzpartien wurden im Originalzustand durch einen weißen Fassadenputz auf Silikat Basis ersetzt. Im Inneren wurde der Putze mit Sorgfalt und Vorsicht ausgebessert und mit einer weißen Farbschicht behandelt.[1] Die Villa war für ihre Zeit außergewöhnlich teuer, wenn man die verschwenderischen Materialien, ungewöhnlichen Bauweisen und außergewöhnlichen neuen Technologien bedenkt.

IKONOGRAPHIE UND STIL

Mies van der Rohe bricht mit der Villa Tugendhat eine Jahrhunderte alte Tradition, bei welcher der Architekt sich als Gesetzgeber aufführt und vorgibt, welche Dimensionen im Objekt vorhanden sein sollten.[4] So ging etwa Le Corbusier damit in seinem „Modulor" um, welches ein universelles Maßsystem nach seiner Idee darstellt und einen Versuch, der Architektur eine am Maß des Menschen orientierte und mathematische Ordnung zu geben.[5] Er geht im Grunde genommen so an das Thema des modernen Bauens heran, dass der Architekt durch seine Bauweise vorgibt, in welche Richtung sich der Mensch entwickeln wird und wie der moderne, der „neue Mensch" lebt.[6]

---

[1] Černouskova, Dagmar u.a.: About the House
[2] Schneibergova, Martina: „Überwältigender Raum moderner Architektur" - Daniela Hammer-Tugendhat über die Villa ihrer Familie, Radio Prague International
[3] Schoenebeck, V.: Exkursion nach Brünn zum Haus Tugendhat, oder „Wie restauriert man einen Mythos?" Verband der Restauratoren VDR, 1. November 2018
[4] Reifarth, Goldscheider, Haus Tugendhat, 00:16:30-00:16:47
[5] Le Corbusier: Der Modulor, Darstellung eines in Architektur u. Technik allg. anwendbaren harmonischen Maßes im menschlichen Maßstab, Faksimile-Wiedergabe d. 2. Aufl. 1956, Deutsche Verlags-Anstalt DVA, 01.05.1978
[6] Reifarth, Goldscheider, Haus Tugendhat, 00:15:55-00:16:21

Mies van der Rohe tut in seiner Art des Bauens das genaue Gegenteil, bei welchem der moderne, der „neue Mensch" vorgibt, wie der Architekt baut.[1] Für ihn muss eine Architektur gefunden werden, die diesem neuen Menschen entgegenkommt und entspricht.[1] So ist die Villa Tugendhat Ausdruck eines Weltgefühls und wie die Philosophie ein Rahmen in welcher sich ein völlig neues Weltbild ankündigt. Mies van der Rohe unterwarf sich in diesem Sinne auch bis zu einem gewissen Grad seinen extraordinären Materialien, wie dem Onyx-Block und richtete die Höhe seines Raumes nach ihm.[2] Dies Auswirkungen auf das sämtliche Haus, vom Stahlskelett bis zur Decke. Er lässt sich vom Onyx führen, was ein sehr besonderes Merkmal des Hauses ist. Diese Auseinandersetzung stellt sich bei einer zu installierenden Holzwand nicht in den Raum, selbst wenn das Furnier noch so kostbar ist, denn es lässt sich unkompliziert zuschneiden. Die Onyx-Wand kann man nur in einer Dimension bauen, in welcher der Stein zur Verfügung steht. Der Barcelona Pavillon, welcher ebenfalls ein Werk Mies van der Rohes ist und 1920 in Barcelona zur Weltausstellung erbaut wurde, beheimatet ebenfalls eine Onyx-Wand.[3] Auch der Travertin Boden kam dort schon zum Einsatz und ist sowohl im Inneren als auch im Außenbereich des Pavillons verlegt.[3] Dort verwendete Mies dieselbe Konstruktion aus einem Stahlskelettbau und spielte erstmals den Gedanken durch, dass man Raum aus Flächen bauen kann.[4] Raum wird hier nicht mehr als Box begriffen, wogegen auch bereits der amerikanische Architekt Frank Lloyd White polemisierte. Er meint, der Raum als Box sei für einen freien Menschen eigentlich eine Zumutung, weil er sich dort nur eingepfercht fühlen könne. Der Mensch braucht Weite, er braucht Bewegungsraum, er braucht Fläche.[5] Mies van der Rohe radikalisierte in seinem Bau im Grunde genau das, was Frank Lloyd White präjudizierte, indem er eben Raum aus Flächen baute. Die vielen konstruktiven Möglichkeiten, des Stahlskelettbaues, stehen hier im Dienst der Rationalisierung und der großen Freiheit der Raumordnung und Raumgestaltung. Sehr wichtig war hier auch die Verbundenheit von Innen und Außen. Die gläsernen Wände wirken hier als eine transluzente Wand und er offene Grundriss symbolisiert eine Architektur, die in die Natur hineinverlagert ist. Die riesige Glasfront und der Wintergarten sind beinahe eine Art Vermischung der beiden Elemente und stellen einen sanften Übergang zueinander dar. Diese Osmose zwischen innen und außen bestimmt somit Teile der Struktur des Hauses.

Ein weiteres besonderes Merkmal des Hauses ist die omnipräsente Ornamentlosigkeit.[6] Diese befähigt das Haus dazu, lediglich mit seinen Proportionen zu verzaubern. Das ist etwas, das man bereits bei dem Wiener Architekten Adolf Loos mit seinem Aufsatz „Ornament und Verbrechen" greifen kann, wo er das Ornamentieren als ein Verbrechen darstellt.[7] Doch es ist notwendig das abgewiesene Ornament zu kompensieren, um den Menschen nicht in der Leere und Pathetik des weißen Raumes stehen zu lassen und so griff auch er in seiner Wiener Bar zu Onyx.[8]

DEUTUNG

Die Villa Tugendhat erfuhr und erfährt bis heute viele und auch kontroverse Meinungen und Standpunkte.

---

[1] Reifarth, Goldscheider, Haus Tugendhat, 00:16:30-00:16:47
[2] Traxler, Martina: Mies van der Rohe - Die Villa Tugendhat, München, GRIN Verlag, 2000
[3] Krohn, Carsten: Mies van der Rohe. Das gebaute Werk, Birkhäuser Verlag, 1. Auflage, 16.06.2014, S.76
[4] Freigang, Christian: Mies van der Rohe, der Werkbund und die Frage der Technik um 1930, RIHA Journal 0186, 30. Mai 2018, S.4
[5] Mazurova, Eva: Zu Frank Lloyd Whites organischer Architektur, Nkf Heft, 01.10.2014
[6] Hammer Tugendhat: Haus Tugendhat, Ludwig Mies van der Rohe, S.20
[7] Loos, Adolf: Ornament and Crime, Penguin Books Ltd, 30.05.2019 S.2
[8] Boyken, Immo: Alle Architekten sind Verbrecher, Der Moralist Adolf Loos und das moderne Bauen, Vortrag, Hochschule Konstanz, 2022

Der amerikanische Architekt Philip Johnson beispielsweise, welcher die Villa nach der Fertigstellung besichtigte und vermaß, war wohl vollends begeistert von der Architektur.[1] Doch es stellt sich einem die Frage, ob bei einem Wohnhaus diese Klarheit ein angenehmes zur Ruhe kommen verhindern könnte. Bei dem Gedanke an eine angenehme und wohlige Wohnatmosphäre, denken die meisten Menschen an ein bequemes und praktisches Umfeld, in welchem man zur Ruhe kommen und sich entspannen kann. Der Villa Tugendhat wird von einigen zweifelnden unterstellt, dass man dies dort nicht könne. Eine Frage ist, ob man in diesem Haus, wie sonst selbstverständlich Veränderungen vornehmen kann, ohne dabei die Wohnsphäre zu zerstören und diese Frage muss man verneinen.[2] Der Kunsthistoriker Justus Bier stellte die provokative Frage danach, ob ein Wohnen in der Villa überhaupt möglich sei.[3] Dies war eine Reaktion auf einen Artikel über die neue Struktur der Brünner Villa in der Zeitschrift „Die Form", die 1931 vom Verleger Walter Riezler selbst herausgegeben wurde.[4] Er bezweifelte, ob die Bewohner des Hauses mit der Strenge, Monumentalität und Pathetik dauerhaft zurecht kämen ohne innerlich dagegen zu rebellieren.[4] Die Frage zum Beispiel, ob es denkbar wäre an dem Mobiliar eine Veränderung vorzunehmen, ohne eine Heiligtumsschändung zu begehen, ohne dass die gesamte Stimmung zerreißen würde, muss man mit einem nein beantworten. Grete Tugendhat schreibt dazu: „Ob es an der 'Abstumpfung' liegt oder nicht – jedenfalls habe ich diese Räume nie als pathetisch empfunden, wohl aber als streng und groß – jedoch in einem Sinn, der nicht erdrückt, sondern befreit."[5] Zeitgenossen sprachen über diese Art der Architektur mit den Vokabeln des fließendem Raumes, wo das Innere nach außen fließe und das Äußere nach innen. Auch Ludwig Hilbersheimer verfasste während der Nachkriegsjahre ein Buch, namens „Berliner Architektur der 20er Jahre" auch er diese Architektur als eine des fließenden Raumes bezeichnet.[6] Diese Vokabel wird zwar häufig im Architekturkontext gebraucht, jedoch wird nie ganz erklärt, was dies eigentlich umschreibt. Offensichtlich handelt es sich dabei um eine paradoxe Figur, denn ein Raum ist starr und fließt nicht, die Zeit hingegen tut dies. Dieses romantische Denkbild geht auf den Dichter Novalis zurück, welcher naturphilosophische Schriften verfasste.[7] In diesen findet man einige Bemerkungen zu Raum und Zeit. Die Markanteste ist die folgende: Zeit ist fließender Raum, Raum ist erstarrte Zeit."[8] Eine erste Frage ist, wie man diese Aussage einschätzen kann. Die zweite Frage, die sich stellt, ist die, ob die Zeitgenossen damals diese Formulierung bereits kannten und inspirierend für sich nutzten. Wir halten Zeit und Raum im Normalfall für zwei verschiedene Größen. In der klassischen Physik heißt es, dass die Zeit fließt und dies ist ihr wesentliches Bestimmungsmerkmal.[9] In diesem Fall jedoch müsste man sagen, dass der Raum von der Zeit bestimmt wird und andersherum. Dies ist eine Besonderheit, die von Novalis Beschreibung ausgeht. Heute, in der modernen Physik kann man nach Einsteins Relativitätstheorie sogar belegen, dass Raum und Zeit aneinander gebunden sind.[10] Das eine existiert ohne das andere nicht.

---

[1] Sonna, Birgit: Der Architekt hat immer recht, München, Katalog: 49 Mark, 29. November 1998
[2] Reifarth, Goldscheider, Haus Tugendhat, 00:05:20-00:05:37
[3] Neumann, Dietrich: Can one live in the Tugendhat House? A Sketch, 2012
[4] Bandhold, Doris: Haus Tugendhat, ein Film von Dieter Reifarth, Presseheft,
 Pandora Film GmbH & Co. Verleih KG, 2013, S.7
[5] Bandhold, Doris: Haus Tugendhat, ein Film von Dieter Reifarth, Presseheft, S.4
[6] Hilberseimer, Ludwig: Berliner Architektur der 20er Jahre, Neue Bauhausbücher, Unveränderter Nachdruck, Berlin 1992
[7] Pape, Walter: Romantische Metaphorik des Fließens, Max Niemeyer Verlag 2007
[8] Novalis, "Sämtliche Werke", ed. Ernst Kammitzer, 4 Vol., München 1924, Vol. 111, Fragmente 451,452,454,456, pp. 184-186
[9] Anonymous: The October 1666 Tract on Fluxions
[10] Raumzeit, Einstein-Online

Der Jenaer Physiker Felix Auerbach sagt, Raum und Zeit sind Eigenschaften der Materie, so wie ihre elektrische Ladung.[1] Bei Einsteins Relativitätstheorie konnte dies bewiesen werden und bei Novalis Naturphilosophie ist dies rein intuitiv und spekulativ.[2] Auch Paul Klee spricht über den fließenden Raum und lehrt ihn.[1] Er rät davon ab den fließenden Raum gestalten zu wollen, da wohl die Probleme, welche sich einem dadurch stellten unverhältnismäßig mäßig groß wurden.[1] Wenn es jedoch eine künstlerische Gattung gibt, in der man etwas wie den fließenden Raum darstellen kann, dann ist es die Architektur und das liegt auf der Hand. Die Architektur schafft Raum aus Wänden und ist in der Lage Raum zu kanalisieren. Villa Tugendhat gilt neben dem Barcelona Pavillon als Paradebeispiel für eine Architektur des fließenden Raumes.

Architekt Ludwig Hilberseimer sagte: „Von diesem Haus können einem Photographien gar keinen Eindruck vermitteln. Man muß sich in diesem Raum bewegen, sein Rhythmus ist wie Musik."[3]

---

[1] Müller, Ulrich: Fläche, Raum, Zeit: Felix Auerbach und Paul Klee, Bildwelten des Wissens, Kunsthistorisches Jahrbuch für Bildkritik, S.44-53
[2] https://www.bernhardleitner.at/texts/indexLoadItem/19
[3] Hammer Tugendhat: Haus Tugendhat, Ludwig Mies van der Rohe,

ABBILDUNGSVERZEICHNIS

Abb.1
Photo gallery of Villa Tugendhat 2012–2022. (2022, 6. April). Villa Tugendhat. Abgerufen am 12. Oktober 2022, von https://www.tugendhat.eu/en/fotogalerie-vily-tugendhat-2012-2022/

Abb.2
Jussi Toivanen https://www.flickr.com/photos/144252506@N07/39828814742/in/photostream/ aufgenommen am 21. Januar 2018

Abb.3
Gallery of AD Classics: Villa Tugendhat / Mies van der Rohe - 24. (o. D.). ArchDaily. Abgerufen am 12. Oktober 2022, von https://www.archdaily.com/157555/ad-classics-villa-tugendhat-mies-van-der-rohe/572a1722e58ece2f08000001-ad-classics-villa-tugendhat-mies-van-der-rohe-photo

Abb.4
Galeria e fotografive të Villa Tugendhat në Brno. (o. D.-c). Advisor.Travel. Abgerufen am 12. Oktober 2022, von https://sq.advisor.travel/poi/Villa-Tugendhat-12317/photos

Abb.5
Photo Galery of Villa Tugendhat 2012–2022. (2022, 6. April). Villa Tugendhat. 2022, von https://www.tugendhat.eu/en/fotogalerie-vily-tugendhat-2012-2022/

Abb.6
Photo Galery of Villa Tugendhat 2012–2022. (2022, 6. April). Villa Tugendhat. 2022, von https://www.tugendhat.eu/en/fotogalerie-vily-tugendhat-2012-2022/

Abb.7
Photo Galery of Villa Tugendhat 2012–2022. (2022, 6. April). Villa Tugendhat. 2022, von https://www.tugendhat.eu/en/fotogalerie-vily-tugendhat-2012-2022/

Abb.8
Photo Galery of Villa Tugendhat 2012–2022. (2022, 6. April). Villa Tugendhat. 2022, von https://www.tugendhat.eu/en/fotogalerie-vily-tugendhat-2012-2022/

Abb.9
Photo Galery of Villa Tugendhat 2012–2022. (2022, 6. April). Villa Tugendhat. 2022, von https://www.tugendhat.eu/en/fotogalerie-vily-tugendhat-2012-2022/

Abb.10
Maher, C. (2020, 17. März). Villa Tugendhat. The Wood House. Abgerufen am 12. Oktober 2022, von https://www.thewoodhouseny.com/journal/2018/2/21/villa-tugendhat

Abb.11
https://www.flickr.com/photos/ibssr/11502211296/in/photostream/

Abb.12
Gallery of AD Classics: Villa Tugendhat / Mies van der Rohe - 2. (o. D.). ArchDaily. Abgerufen am 12. Oktober 2022, von https://www.archdaily.com/157555/ad-classics-villa-tugendhat-mies-van-der-rohe/572a17ffe58ece2d1d000007-ad-classics-villa-tugendhat-mies-van-der-rohe-photo?next_project=no

Abb.13
Maher, C. (2020, 17. März). Villa Tugendhat. The Wood House. Abgerufen am 12. Oktober 2022, von https://www.thewoodhouseny.com/journal/2018/2/21/villa-tugendhat

Abb.14
Gallery of AD Classics: Villa Tugendhat / Mies van der Rohe - 17. (o. D.). ArchDaily. Abgerufen am 12. Oktober 2022, von https://www.archdaily.com/157555/ad-classics-villa-tugendhat-mies-van-der-rohe/572a178be58ece2d1d000004-ad-classics-villa-tugendhat-mies-van-der-rohe-photo?next_project=no

Abb.15
Maher, C. (2020, 17. März). Villa Tugendhat. The Wood House. Abgerufen am 12. Oktober 2022, von https://www.thewoodhouseny.com/journal/2018/2/21/villa-tugendhat

Abb.16
Gallery of AD Classics: Villa Tugendhat / Mies van der Rohe - 2. (o. D.). ArchDaily. Abgerufen am 12. Oktober 2022, von https://www.archdaily.com/157555/ad-classics-villa-tugendhat-mies-van-der-rohe/572a17ffe58ece2d1d000007-ad-classics-villa-tugendhat-mies-van-der-rohe-photo?next_project=no

Abb.17
Maher, C. (2020, 17. März). Villa Tugendhat. The Wood House. Abgerufen am 12. Oktober 2022, von https://www.thewoodhouseny.com/journal/2018/2/21/villa-tugendhat

Abb.18
Maher, C. (2020, 17. März). Villa Tugendhat. The Wood House. Abgerufen am 12. Oktober 2022, von https://www.thewoodhouseny.com/journal/2018/2/21/villa-tugendhat

Abb.19
Maher, C. (2020, 17. März). Villa Tugendhat. The Wood House. Abgerufen am 12. Oktober 2022, von https://www.thewoodhouseny.com/journal/2018/2/21/villa-tugendhat
Abb.20 https://www.flickr.com/photos/ibssr/11502211296/in/photostream/

Abb.21
Maher, C. (2020, 17. März). Villa Tugendhat. The Wood House. Abgerufen am 12. Oktober 2022, von
https://www.thewoodhouseny.com/journal/2018/2/21/villa-tugendhat

Abb.22
Photo gallery of Villa Tugendhat 2012–2022. (2022b, April 6). Vila Tugendhat. Abgerufen am 12. Oktober 2022, von
https://www.tugendhat.eu/en/fotogalerie-vily-tugendhat-2012-2022/

Abb.23
Photo gallery of Villa Tugendhat 2012–2022. (2022b, April 6). Vila Tugendhat. Abgerufen am 12. Oktober 2022, von
https://www.tugendhat.eu/en/fotogalerie-vily-tugendhat-2012-2022/

Abb.24
Photo gallery of Villa Tugendhat 2012–2022. (2022b, April 6). Vila Tugendhat. Abgerufen am 12. Oktober 2022, von
https://www.tugendhat.eu/en/fotogalerie-vily-tugendhat-2012-2022/

Abb.25
Maher, C. (2020b, März 17). Villa Tugendhat. The Wood House. Abgerufen am 12. Oktober 2022, von
https://www.thewoodhouseny.com/journal/2018/2/21/villa-tugendhat

Abb.26
Photo gallery of Villa Tugendhat 2012–2022. (2022b, April 6). Vila Tugendhat. Abgerufen am 12. Oktober 2022, von
https://www.tugendhat.eu/en/fotogalerie-vily-tugendhat-2012-2022/

Abb.27
Photo gallery of Villa Tugendhat 2012–2022. (2022b, April 6). Vila Tugendhat. Abgerufen am 12. Oktober 2022, von
https://www.tugendhat.eu/en/fotogalerie-vily-tugendhat-2012-2022/

Abb.28
Photo gallery of Villa Tugendhat 2012–2022. (2022b, April 6). Vila Tugendhat. Abgerufen am 12. Oktober 2022, von
https://www.tugendhat.eu/en/fotogalerie-vily-tugendhat-2012-2022/

Abb.29
Maher, C. (2020b, März 17). Villa Tugendhat. The Wood House. Abgerufen am 12. Oktober 2022, von
https://www.thewoodhouseny.com/journal/2018/2/21/villa-tugendhat

Abb.30
Maher, C. (2020b, März 17). Villa Tugendhat. The Wood House. Abgerufen am 12. Oktober 2022, von
https://www.thewoodhouseny.com/journal/2018/2/21/villa-tugendhat

Abb.31
Maher, C. (2020b, März 17). Villa Tugendhat. The Wood House. Abgerufen am 12. Oktober 2022, von
https://www.thewoodhouseny.com/journal/2018/2/21/villa-tugendhat

Abb.32
Photo gallery of Villa Tugendhat 2012–2022. (2022b, April 6). Vila Tugendhat. Abgerufen am 12. Oktober 2022, von
https://www.tugendhat.eu/en/fotogalerie-vily-tugendhat-2012-2022/

Abb.33
Maher, C. (2020b, März 17). Villa Tugendhat. The Wood House. Abgerufen am 12. Oktober 2022, von
https://www.thewoodhouseny.com/journal/2018/2/21/villa-tugendhat

Abb.34
Maher, C. (2020b, März 17). Villa Tugendhat. The Wood House. Abgerufen am 12. Oktober 2022, von
https://www.thewoodhouseny.com/journal/2018/2/21/villa-tugendhat

Abb.35
https://www.flickr.com/photos/ibssr/11502211296/in/photostream/

Abb.36
Photo gallery of Villa Tugendhat 2012–2022. (2022b, April 6). Vila Tugendhat. Abgerufen am 12. Oktober 2022, von
https://www.tugendhat.eu/en/fotogalerie-vily-tugendhat-2012-2022/

Abb.37
Photo gallery of Villa Tugendhat 2012–2022. (2022b, April 6). Vila Tugendhat. Abgerufen am 12. Oktober 2022, von
https://www.tugendhat.eu/en/fotogalerie-vily-tugendhat-2012-2022/

Abb.38
Photo gallery of Villa Tugendhat 2012–2022. (2022b, April 6). Vila Tugendhat. Abgerufen am 12. Oktober 2022, von
https://www.tugendhat.eu/en/fotogalerie-vily-tugendhat-2012-2022/

Abb.39
Photo gallery of Villa Tugendhat 2012–2022. (2022b, April 6). Vila Tugendhat. Abgerufen am 12. Oktober 2022, von
https://www.tugendhat.eu/en/fotogalerie-vily-tugendhat-2012-2022/

Abb.40
Photo gallery of Villa Tugendhat 2012–2022. (2022b, April 6). Vila Tugendhat. Abgerufen am 12. Oktober 2022, von
https://www.tugendhat.eu/en/fotogalerie-vily-tugendhat-2012-2022/

Anmerkung der Redaktion: Die Abbildungen sind aus urheberrechtlichen Gründen nicht enthalten.

Literaturverzeichnis und Internetquellen

ANONYMOUS: Tugendhat Villa in Brno, UNESCO World Heritage Centre. (o. D.)
https://whc.unesco.org/en/list/1052/ (Letzter Anruf 30.09.2022)

ANONYMOUS: Villa Tugendhat, Objekte, Brünner Architekturmanual, Handbuch zur Brünner Architektur
https://www.bam.brno.cz/de/objekt/c327-villa-tugendhat?filter=code (Letzter Abruf: 30.09.2022)
Anonymous: The October 1666 Tract on Fluxions (Normalized). (o. D.).
https://www.newtonproject.ox.ac.uk/view/texts/normalized/NATP00100

BANDHOLD, Doris: Haus Tugendhat, ein Film von Dieter Reifarth, Presseheft, PANDORA FILM GMBH & CO. VERLEIH KG, 2013

BOYKEN, Immo: Alle Architekten sind Verbrecher, Der Moralist Adolf Loos und das moderne Bauen, Vortrag, Hochschule Konstanz, 2022

ČERNOUŠKOVÁ, Dagmar u.a.: About the House, 5. Mai 2022, Villa Tugendhat,
https://www.tugendhat.eu/en/about-the-house/ (Letzter Abruf am 29.09.2022)

ČERNOUŠKOVÁ, Dagmar u.a.: The Building, 6. April 2022, Vila Tugendhat
https://www.tugendhat.eu/about-the-house/dum/ (Letzter Abruf: 29.09.2022)

ČERNOUŠKOVÁ, Dagmar u.a.: Completion of the Structure, 24. Mai 2022, Villa Tugendhat
https://www.tugendhat.eu/udalost/completion-of-the-structure/ (Letzter Abruf: 30.09.2022)

FREIGANG, Christian: Mies van der Rohe, der Werkbund und die Frage der Technik um 1930, RIHA Journal 0186, 30. Mai 2018

HAMMER-Tugendhat, Daniela/Hammer, Ivo/Tegethoff, Wolf: Haus Tugendhat. Ludwig Mies van der Rohe, Berlin, Boston: Birkhäuser, 2020.
https://doi.org/10.1515/9783035622508 (Letzter Abruf am 29.09.2022)

HILBERSEIMER, Ludwig: Berliner Architektur der 20er Jahre, Neue Bauhausbücher, Unveränderter Nachdruck, Berlin 1992

HAUS Tugendhat in Brünn: Markstein modernen Bauens. (o. D.)
http://www.mitteleuropa.de/tugendhat01.htm

KROHN, Carsten: Mies van der Rohe. Das gebaute Werk, Birkhäuser Verlag, 1. Auflage, 16.06.2014

LE CORBUSIER: Der Modulor, Darstellung eines in Architektur u. Technik allg. anwendbaren harmonischen Maßes im menschlichen Maßstab, Faksimile-Wiedergabe d. 2. Aufl. 1956, Deutsche Verlags-Anstalt DVA, 01.05.1978

LOOS, Adolf: Ornament and Crime, Penguin Books Ltd, 30.05.2019

MAHER, Carla: Villa Tugendhat, The Wood House, 17. März 2020
https://www.thewoodhouseny.com/journal/2018/2/21/villa-tugendhat (Letzter Abruf: 01.10.2022)

MAZUROVA, Eva: Zu Frank Lloyd Whites organischer Architektur, Nkf Heft, 01.10.2014

MÜLLER, Ulrich: Fläche, Raum, Zeit: Felix Auerbach und Paul Klee, Bildwelten des Wissens, Kunsthistorisches Jahrbuch für Bildkritik

NOVALIS, "Sämtliche Werke", ed. Ernst Kammitzer, 4 VoL, München 1924, VoL 111, Fragmente 451,452,454,456, pp. 184-186

NEUMANN, Dietrich: Can one live in the Tugendhat House? A Sketch, 2012
http://www.cloud-cuckoo.net/journal1996-2013/inhalt/en/issue/issues/112/Articles/3.2%20%20%20Neumann.pdf

OEBBEKE, Alfons: Wenn niederländische Architekten stimulierenden Klinkerbau zu einem „Besten Gebäude 2015" küren,
11. Dezember 2015
https://www.baulinks.de/webplugin/2015/1931.php4 (Letzter Abruf: 01.10.2022)

PAPE, Walter: Romantische Metaphorik des Fließens, Max Niemeyer Verlag 2007

RAUMZEIT « Einstein-Online. (o. D.)
https://www.einstein-online.info/explandict/raumzeit/

SCHNEIBERGOVÁ, Martina: Nach 70 Jahren: Wertvolle Trennwand aus Villa Tugendhat wieder gefunden, Radio Prague International, 10.05.2011
https://deutsch.radio.cz/nach-70-jahren-wertvolle-trennwand-aus-villa-tugendhat-wieder-gefunden-8563751 (Letzter Abruf: 30.09.2022)

SCHNEIBERGOVÁ, Martina: „Überwältigender Raum moderner Architektur" - Daniela Hammer-Tugendhat über die Villa ihrer Familie, Radio Prague International, 23.04.2013
https://deutsch.radio.cz/ueberwaeltigender-raum-moderner-architektur-daniela-hammer-tugendhat-ueber-die-8546015

SCHOENEBECK, V.: Exkursion nach Brünn zum Haus Tugendhat, oder „Wie restauriert man einen Mythos?" Verband der Restauratoren VDR, 1. November 2018
https://www.restauratoren.de/exkursion-nach-bruenn-zum-haus-tugendhat-oder-wie-restauriert-man-einen-mythos/

SONNA, Birgit: Der Architekt hat immer recht, München, Katalog: 49 Mark, 29. November 1998

TRAXLER, Martina: Mies van der Rohe - Die Villa Tugendhat, München, GRIN Verlag, 2000
https://www.grin.com/document/6038

https://www.bernhardleitner.at/texts/indexLoadItem/19

FILMVERZEICHNIS

REIFARTH DIETER, Haus Tugendhat, strandfilm in Coproduktion mit PANDORA-FILM, Deutschland, 2013

BEI GRIN MACHT SICH IHR WISSEN BEZAHLT

- Wir veröffentlichen Ihre Hausarbeit, Bachelor- und Masterarbeit

- Ihr eigenes eBook und Buch - weltweit in allen wichtigen Shops

- Verdienen Sie an jedem Verkauf

Jetzt bei www.GRIN.com hochladen und kostenlos publizieren